AF131446

LEKTÜRE
HILFE

Das Parfum

Patrick Süskind

Verfasst von Vincent Jooris
und Florence Balthasar
Übersetzt von Miriam Traub

DER
QUERLESER

PATRICK SÜSKIND

DEUTSCHER SCHRIFTSTELLER, NOVELLIST, BÜHNEN- UND DREHBUCHAUTOR

- **Geboren 1949 in Ambach**
- **Einige seiner Werke**:
  - *Der Kontrabaß* (1981), Theaterstück
  - *Die Taube* (1987), Roman
  - *Drei Geschichten* (1996), Novellensammlung

Patrick Süskind wurde 1949 in Ambach in Bayern als Sohn eines Journalisten geboren. Nach seinem Geschichtsstudium in München und Aix-en-Provence beginnt er zu schreiben, jedoch zunächst ohne etwas davon zu veröffentlichen. Im Jahr 1981 wird schließlich sein Theaterstück *Der Kontrabass* aufgeführt, das aus dem Monolog eines Musikers besteht, dessen Leben vollständig durch sein Instrument bestimmt wird. Im Februar 1985 erscheint sein Roman *Das Parfum* und wird zu einem bahnbrechenden Erfolg. *Die Taube*, veröffentlicht 1987, erzählt aus dem exakt durchgeplanten Leben eines Wachmanns, der alles Unvorhergesehene scheut. Süskind beschreibt auf brillante Weise isolierte und monomanische Menschen (Monomanie= psychische Krankheit, bei der nur ein Teil der Psyche beeinträchtigt ist). Neben seinen Romanen wirkte er ebenfalls beim Schreiben von Fernsehdrehbüchern mit. In den Medien gibt sich der Autor äußerst zurückhaltend.

DAS PARFUM

DIE BESCHREIBUNG EINES AUSSERGEWÖHNLICHEN GERUCHSINNS

- **Textgattung**: Roman
- **Herangezogene Ausgabe:** Süskind, Patrick: *Das Parfum*, Diogenes, Zürich, 1985
- **Erstausgabe**: 1985
- **Themen**: Geruchsempfinden, Begabung, Leidenschaft, Besessenheit, Mord, Wahnsinn, Einsamkeit

Das Parfum – Die Geschichte eines Mörders spielt im Frankreich des 18. Jahrhunderts. Der Roman erzählt die Geschichte eines Waisen und Außenseiters, der einen außergewöhnlichen Geruchsinn besitzt. Um ein machtvolles und unwiderstehliches Parfum zu kreieren, wird er zum Serienmörder.

Jahrelang stand der Roman an der Spitze der Verkaufszahlen deutscher Buchhandlungen. Er wurde in mehr als 40 Sprachen übersetzt und

im Jahr der Veröffentlichung wurden mindestens
400 000 Exemplare verkauft.

INHALTSANGABE

GRENOUILLES KINDHEIT

Am 17. Juli 1738 bringt eine Fischhändlerin unter einem Schlachttisch in der Nähe des Pariser Markt Cimetière des Innocents ihr Kind zur Welt. In dem Glauben, es sei wie ihre anderen Kinder tot zur Welt gekommen, lässt sie es dort zurück. Doch das Kind beginnt zu schreien und erweckt die Aufmerksamkeit Schaulustiger. Die Mutter wird wegen mehrfachem Kindsmordes zum Tode verurteilt und hingerichtet. Ihr Sohn wird Jean-Baptiste Grenouille genannt und einer Amme übergeben. Doch diese ist verstört dadurch, dass das Kind nicht den für Kleinkinder üblichen Geruch besitzt und gibt ihn an einen Mönch weiter, der ihn wiederum an die strenge Madame Gaillard weiterreicht, die ihren Lebensunterhalt mit dem Großziehen von Kindern bestreitet. Seine Mitzöglinge entwickeln eine instinktive Abneigung gegen ihn, die sie dazu verleitet, ihn zu misshandeln und sogar fast zu ersticken. Bereits in dieser Phase entdeckt der Junge seinen außerordentlichen Geruchssinn und beginnt, sich für Düfte zu interessieren.

Mit acht Jahren wird Jean-Baptiste an den brutalen Gerber Grimal verkauft. Der widerwärtige Geruch in der Gerberei scheint Grenouille nicht weiter zu stören. Doch die Arbeit ist kräftezehrend und der Lehrling erkrankt an einem Milzbrand, den er wundersamerweise überlebt. Während seiner Spaziergänge in Paris entwickelt er seinen Geruchsinn weiter und kennt bald alle Gerüche der Hauptstadt.

DIE ERKENNTNIS

Am Abend des ersten September 1753 wird sich der Jugendliche eines ungewöhnlich betörenden Geruchs bewusst. Er verfolgt die Spur bis in die Rue des Marais, wo ein junges Mädchen Mirabellen schält. Besessen von ihrem Duft und dem Wunsch, ihn zu besitzen, erstickt er das Mädchen. Gierig saugt er den Duft aus ihrem Körper und atmet ihn tief ein, bis er verschwindet. Dieser Moment ist für Grenouilles weiteres Leben von großer Bedeutung, denn er hat von nun an das Ziel vor Augen, der größte Parfümeur aller Zeiten zu werden. Im Bann seiner unkontrollierbaren Sinne beschließt er, alle Kenntnisse und Techniken zu erlernen, die für den Beruf notwendig sind.

Grenouille ist sich noch nicht bewusst, dass er keinerlei Körpergeruch ausströmt. Zu diesem Zeitpunkt hat er bereits den Plan geschmiedet, dutzende Menschen zu ermorden, um sie ihres Geruchs zu berauben und das perfekte Parfum zu kreieren, dem sich jeder unterwerfen wird, sobald er es riecht.

DIE LEHRJAHRE

Grenouille wird bei dem Parfummeister Giuseppe Baldini als Lehrling eingestellt. In seinem Geschäft nahe der Brücke Pont-au-Change kreiert Jean-Baptiste instinktiv neue Düfte, die seinem Meister beträchtlichen Erfolg einbringen. Es kümmert ihn nicht, dass dieser sich auf seine Kosten bereichert und als Erschaffer der verkauften Düfte gilt, denn der Jugendliche will allem voran das Atelier seines Meisters benutzen. Er lernt die Destillationstechnik, mit der er den Duft der Blumen einfangen kann. Allerdings ist er nicht in der Lage, den Geruch lebloser Objekte, wie Metall oder Glas zu reproduzieren, was ihn schwer enttäuscht und ihn seinen Lebenswillen verlieren lässt, als er lebensgefährlich an Pocken erkrankt. Doch während er im Sterben liegt, erzählt Baldini ihm, dass in Grasse andere Techniken existieren. Diese Neuigkeit lässt Jean-Baptiste wieder genesen. Um nach Grasse gehen zu können, muss der Lehrling erst seine Gesellenprüfung ablegen. Nachdem er ihn drei Jahre lang ausgebeutet hat, stellt ihm sein Meister den Gesellenbrief aus und Jean-Baptiste verlässt Paris im Jahr 1756.

DIE SUCHE NACH DEM PERFEKTEN PARFUM

Im Laufe seiner Reise kann Grenouille den menschlichen Geruch immer weniger ertragen. Er meidet die Dörfer und zieht sich schließlich in eine Höhle nahe des Vulkanbergs Plomb du Cantal in einer abgeschiedenen Gegend nahe der Auvergne zurück. Sieben Jahre verbringt er in dieser Höhle und ruft sich jeden einzelnen ihm bekannten Geruch ins Gedächtnis, besonders den des jungen Mädchens in der Rue des Marais. Eines Tages träumt er von seinem eigenen Geruch und wacht verschreckt auf. Als ihm bewusst wird, dass er keinen eigenen Körpergeruch hat und deswegen all die Jahre lang von niemandem beachtet wurde, beschließt er, die Höhle zu verlassen, um sich einen Ersatzgeruch zu kreieren.

Bei seiner Rückkehr in die Zivilisation begegnet Grenouille dem Marquis de la Taillade-Espinasse, ein Wissenschaftler, der mit seiner Hilfe seine unstimmigen Theorien beweisen möchte. Darüber hinaus beginnt er eine Serie eigener Experimente zur Duftgewinnung und versteht den Einfluss, den Gerüche auf die menschliche Wahrnehmung haben. Von nun an verfolgt er intensiv seinen Plan, das beste Parfüm aller Zeiten zu kreieren, dass so stark ist, dass es in der Lage ist, Menschen zu unterwerfen und zu manipulieren.

DIE DUFTERNTE

In Grasse beginnt Grenouille für Madame Arnulfi zu arbeiten. Der Geselle und Geliebte Madame Arnulfis, Druot, bringt ihm das Enfleurage-Verfahren bei, bei dem Düfte mithilfe von Fetten gewonnen werden. Im Zuge seiner eigenen Experimente findet Jean-Baptiste heraus, dass durch diese Methode der Geruch von Lebewesen eingefangen werden kann und perfektioniert das so das Verfahren.

Unterdessen ist er besessen vom Geruch Laure Richis, der Tochter des zweiten Konsuls, deren Duft den seines ersten Opfers, der Pariserin, noch um Weiten übertrifft. Auf seiner Suche nach dem ultimativen Parfum tötet er schon bald 24 schöne Jungfrauen, um deren Duft zu einzufangen. Angst und Schrecken breitet sich in Grasse aus. Richis fürchtet um das Leben seiner Tochter und schafft sie aus der Stadt. Doch Jean Baptiste, für den Laures Geruch unverzichtbar ist, verfolgt sie und bringt sie um.

GRENOUILLES SCHEITERT

Einige Tage nach dem Mord wird Grenouille festgenommen, doch er schafft es, vorher sein Meisterwerk fertigzustellen: den Duft Laures in Verbindung mit dem seiner anderen Opfer. Auf dem Schafott trägt er sich einen winzigen Tropfen des Parfums auf und der Effekt tritt augenblicklich ein. Das Publikum ist außer sich vor Entzückung und Erregung, verliert den Verstand und verfällt vor der Richtstätte in eine wilde Orgie. Mit seinem Parfum lässt Grenouille die Menschen Liebe empfinden, obwohl er selbst die Menschheit verabscheut. Doch der Jubel, den er auslöst, lässt sein Innerstes gleichgültig und leer. Er wird als reines Wesen wahrgenommen und freigesprochen, Laures Vater will ihn sogar adoptieren. Trotzdem kehrt Grenouille nach Paris zurück.

Jean-Baptiste Grenouille wird sich seines Scheiterns schmerzlich bewusst. Zum einen hasst er die Menschheit noch immer, zum anderen wird er nie einen eigenen Geruch und damit nie eine Identität besitzen. Sein Leben erscheint ihm leer und er beschließt, an seinen Geburtsort zurückzukehren. In der Nacht des 25. auf den 26. Juni 1767 schüttet er sich inmitten von Dieben, Kriminellen und dem niedersten Abschaum der Gesellschaft den gesamten Flakon über. Die Anwesenden sind fassungslos, sie glauben, einen Engel vor sich zu haben und jeder will ihn an sich reißen. Sein Körper wird in Stücke gerissen und von den Menschen verschlungen, sodass Jean-Baptiste die Erde verlässt, ohne auch nur eine einzige Spur zu hinterlassen.

PERSONENANALYSE

JEAN-BAPTISTE GRENOUILLE

Grenouille wird kurz nach der Geburt von seiner Mutter verlassen, die ihn für tot hältt. Während seiner Kindheit kümmert sich niemand wirklich um ihn oder erzieht ihn. Er wird hin- und hergereicht und zieht sich schließlich komplett zurück.

Der Außenseiter

Jean-Baptiste Grenouilles Schicksal scheint unter keinem guten Stern zu stehen. Dies wird bereits zu Beginn der Geschichte durch die Umstände seiner Geburt deutlich. Die Beziehung zu seinen Mitmenschen erweisen sich in seiner Kindheit und Jugend als äußerst kompliziert. Er wird von Amme zu Amme gereicht, später von Gerberei zu Parfümerie. Überall stößt er auf ablehnende Reaktionen und wird immer wieder abgewiesen. Seine erste Amme hält ihn für den Sohn des Teufels, Vater Terrier fühlt sich in Anwesenheit des Zöglings, der an seinen Kleidern zu riechen scheint, unbehaglich, die anderen Pflegekinder

Madame Gaillards versuchen, ihn zu töten und letztere erkennt schließlich seine unheilvolle Begabung.

Grenouilles ruft zwar unterschiedliche Gefühle, wie Besessenheit, Unwohlsein, Angst und Misstrauen, in den Protagonisten hervor, doch alle weisen ihn ab. Dennoch verspürt er nicht den Wunsch, geliebt oder akzeptiert zu werden, denn er empfindet im Allgemeinen Abscheu gegen die Menschen und ihre Gerüche: „Am befreiendsten empfand er die Entfernung von den Menschen" (S. 141). Diese Menschenfeindlichkeit bringt ihn auch dazu, sieben Jahre in einer Höhle zu verbringen.

Dort erkennt er schließlich einen der Gründe für die ständige Ablehnung, nämlich das Fehlen seines eigenen Körpergeruchs. Die Leute bemerken nicht einmal, wenn er sich ihnen nähert, da er keinen Geruch besitzt: „Er war von Jugend an gewohnt, dass Menschen, die an ihm vorübergingen, keinerlei Notiz von ihm nahmen, nicht aus Verachtung - wie er einmal geglaubt hatte -, sondern weil sie nichts von seiner Existenz bemerkten" (S. 185).

Grenouille passt also nicht in die Welt, in der er lebt. Lange hat er die Gesellschaft und die Gründe seiner Ablehnung ebenso wenig verstanden wie die Gesellschaft ihn, da sie ihn nicht als Menschen angesehen hat. So war es ihm unmöglich, die grundlegenden Regeln unserer Welt, wie beispielsweise den Unterschied zwischen Gut und Böse, zu verstehen, da sie ihm von niemandem erklärt wurden.

Sein äußeres Erscheinungsbild

Im Laufe seines Lebens erleidet Grenouille mehrere Krankheiten, die ihn stärker werden lassen und sein Äußeres verunstalten. Seine Hässlichkeit wird mehrmals betont:

> Er konnte tagelang wäßrige Suppen essen, er kam mit der dünnsten Milch aus, vertrug das faulste Gemüse und verdorbenes Fleisch. Im Verlauf seiner Kindheit überlebte er die Masern, die Ruhr, die Windpocken, die Cholera, einen Sechsmetersturz in einen Brunnen und die Verbrühung der Brust mit kochendem Wasser. Zwar trug er Narben davon und Schrunde und Grind und einen leicht verkrüppelten Fuß, der ihn hatschen machte, aber er lebte (S. 26).
> [Er bekam] den Milzbrand, eine gefürchtete

> Gerberkrankheit, die üblicherweise tödlich verläuft. [...] Entgegen aller Erwartung jedoch überstand Grenouille die Krankheit. Ihm blieben nur die Narben der großen schwarzen Karbunkel hinter den Ohren, am Hals und an den Wangen, die ihn entstellten und noch hässlicher machten, als er ohnehin schon war (S. 41).

Doch der Duft seines Parfums lässt ihn in den Augen der anderen schön erscheinen, auch wenn diese sich nicht bewusst sind, dass ihr Geruchsinn ihr Empfinden beeinflusst. Auf diesem Weg kann Grenouille die Menschen für sich gewinnen.

> Grenouille stand und lächelte. Vielmehr erschien es den Menschen, die ihn sahen, als lächle er mit dem unschuldigsten, liebevollsten, bezauberndsten und zugleich verführerischsten Lächeln der Welt. Aber es war in Wirklichkeit kein Lächeln, sondern ein häßliches, zynisches Grinsen, das auf seinen Lippen lag (S. 299).

Sein Geruchsinn

Seltsamerweise verströmt Grenouille keinerlei Eigengeruch, verfügt jedoch über einen außergewöhnlichen Geruchsinn. Er bemerkt diese fast übermenschliche Gabe bereits sehr früh. Seine ersten Worte bezeichnen Dinge mit einem starken Geruch: „Fisch, Pelargonie, Ziegenstall, Wirsing, [...]" (S. 29). Nur, was einen intensiven Geruchseindruck hinterlässt, ist für ihn von Bedeutung. Um die Gerüche besser einordnen zu können, prägt er sich alles genau ein: „Er trank diesen Duft, er ertrank darin, imprägnierte sich damit bis in die letzte innerste Pore, wurde selbst Holz, [...] bis er nach langer Zeit, vielleicht nach einer halben Stunde erst, das Wort „Holz" hervorwürgte" (S. 30-31).

Dazu besitzt er eine herausragende Vorstellungskraft, sich neue Düfte auszudenken und zu kreieren.

> Und auch in der synthetisierenden Geruchsküche seiner Phantasie, in der er ständig neue Duftkombinationen zusammenstellte, herrschte noch kein ästhetisches Prinzip. Es waren Bizarrerien, die er schuf und alsbald wieder zerstörte wie ein Kind, das mit Bauklötzen spielt, erfindungsreich und destruktiv, ohne erkennbares schöpferisches Prinzip (S.46).

Die Bedeutung seines Namens

Der Vorname Jean-Baptiste ist auf eine Person aus der Bibel zurückzuführen. Jean-Baptiste ist dort der „Salber", was die Berufung des Protagonisten als Parfumeur widerspiegelt. Wie sein Namensvetter lebt er als Einsiedler, isst Insekten und stirbt auf grausame Weise.

Der Name *Grenouille* (auf Deutsch: Frosch) ist deutlich ungewöhnlicher. Zum einen erinnert der Name an eine Zutat, die im Zaubertrank einer Hexe zu finden wäre. Dieses Bild wird noch durch die zahlreichen anderen seltsamen Zutaten bestärkt, denen Grenouille begegnet: verfaulte Melonen, verbrannte Hörner, Fischköpfe, Fliegenschwärme, etc. Zum anderen kommen Amphibien in der Nähe von Gewässern zur Welt, genau wie Grenouille, der zwischen all den Fischen auf dem Markt geboren wird. Insbesondere Frösche sind oft in Sümpfen zu finden und Grenouilles erste Opfer wohnte in der Rue des Marais (auf Deutsch: Straße der Sümpfe/Sumpfstraße). Darüber hinaus besitzen die Amphibien im Vergleich zum restlichen Gehirn einen überdurchschnittlich ausgeprägten Geruchsinn. Der Name wurde also nicht zufällig vom Autor gewählt.

Sein Umfeld

Alle Menschen, die Grenouille ausnutzen und verachten, sterben letztendlich an einem grausamen und erbärmlichen Tod. Obwohl sie dank dem Jungen auf große Erfolge hoffen können, beuten sie ihn aus und zeigen sich ihm von ihrer abstoßendsten Seite. Auch wenn Jean-Baptiste keinen von ihnen tötet, scheint es, als würde er durch das Schicksal, das ihnen widerfährt, Rache nehmen.

- Seine Mutter, die ihn loswerden will, wird enthauptet;
- Madame Gaillard verkauft Grenouille an Grimal und verrät somit ihre eigenen moralischen Grundsätze. Sie stirbt letzten Endes im Hotel Dieu in einem Sterbebett mit fünf anderen Frauen, wovor sie sich ihr ganzes Leben lang fürchtete;
- Der Gerber Grimal, für den nur die Arbeit zählt, schätzt Grenouille für sein unersetzbares Talent, doch er bringt ihn unter wie ein Tier. Schließlich übergibt er ihn an Baldini, versäuft all sein Geld und stirbt durch die Folgen eines Sturzes. Entgegen seiner Prinzipien lässt er sich gehen und stirbt dabei;

- Der Parfummeister Giuseppe Baldini sieht seine jungen Konkurrenten als Betrüger an, die ausschließlich am Gewinn interessiert sind, nutzt aber selbst Jean-Baptistes Talent aus, um sich daran zu bereichern. Nachdem Grenouille ihn verlässt, stürzt die Brücke Pont-au-Change über seinem Haus ein und erdrückt ihn;
- Der Marquis de la Taillade Espinasse, ein leidenschaftlicher Wissenschaftler, benutzt Grenouilles um die Jury der Universität von Montpellier hinters Licht zu führen und sie von seinen Thesen zu überzeugen. Danach ist er von seinen Forschungen völlig besessen und verschwindet im Gebirge Canigou, um seine erschwindelten Thesen zu beweisen;
- Die lebensfrohe Witwe Madame Arnulfi und ihr Liebhaber Druot profitieren sehr von ihrem talentierten Mitarbeiter. Dank ihm und seiner unermüdlichen Arbeit wenden sich ihre Geschäfte zum Besseren. Am Ende des Romans wird Druot anstelle Jean-Baptistes hingerichtet, Madame Arnulfi bleibt einsamer und mittelloser denn je zurück.

Grenouille nutzt die Menschen, die ihn ausbeuten, auf seine eigene Art und Weise aus. Er bleibt bei ihnen, solange sie ihm beim Erschaffen seines Parfüms auf irgendeine Weise nützlich sind, weshalb die Personen, denen Jean-Baptiste begegnet, auch nur nebensächlich sind. In der Erzählung werden sie nur in Hinblick auf den von ihnen geleisteten Beitrag betrachtet, der Grenouille dabei hilft, sein Ziel zu erreichen.Die Geschichte selbst ist allein um den Protagonisten aufgebaut.

Seine Opfer

Das erste Opfer Grenouilles ist die junge Frau in der Rue des Marais, die Mirabellen schält.

> [Er wollte] nicht begreifen, dass ein so exquisiter Duft einem Menschen entströmen konnte [...]. Hunderttausend Düfte schienen nichts mehr wert vor diesem einen Duft [...]. Er seinerseits sah sie nicht an [...], er hielt seine Augen fest geschlossen, während er sie würgte, und hatte nur die eine Sorge, von ihrem Duft nicht das geringste zu verlieren. (S. 52-53)

In Grasse wittert Grenouille bei Laure Richis einen ähnlichen Duft. Diesmal beschließt er allerdings, sein Talent und sein Wissen zu perfektionieren und die ideale Ausströmung des Dufts zu abzuwarten, bevor er vorschnell handelt.

> [Er wollte sich] den Duft [...] wahrhaftig aneig-
> nen [...] und zu seinem eigenen Duft machen
> [...]. Er hatte ja zwei Jahre Zeit, es zu lernen [...].
> Die Blume dort gedieh ohne sein Zutun [...]. Er
> musste sich in Arbeit stürzen. Er musste seine
> Kenntnisse erweitern und seine handwerklichen
> Fähigkeiten vervollkommnen, um für die Zeit der
> Ernte gerüstet zu sein. (S. 208-209)

Während dieser Vorbereitungszeit von zwei
Jahren bringt er 24 andere junge Frauen um. Er
tötet sie mit einem schweren Schlag und hält
ihren Duft für sein zukünftiges Parfum fest. Er
entkleidet sie, rasiert ihnen die Haare ab und
wickelt sie sorgfältig in fettgetränkte Tücher
ein, damit sich so ihre Düfte entfalten. Er wählt
braunhaarige Mädchen, von „jenem schwerblüti-
gen Typ von Frauen, die wie aus dunklem Honig
sind, glatt und süß und ungeheuer klebrig" (S.
235). Seine Opfer sind groß, mit langem Haar,
mal braun-, mal rothaarig, und stammen bis
auf einige Italienerinnen meist aus Grasse. Ihr
Aussehen interessiert ihn nicht, für ihn zählt
allein der Duft. Die rothaarige Laure Richis mit
den grünen Augen ist sein Meisterstück, denn

sie besitzt von allen Frauen den exquisitesten Geruch.

INTERPRETATION

DAS PORTRÄT EINES PSYCHOPATHEN

Held und Monster

Jean-Baptiste Grenouille wird gleichzeitig als Held und als abscheulicher Mensch dargestellt und ruft so widersprüchliche Gefühle hervor.

Einige Facetten seiner Persönlichkeit erinnern an literarische Helden, die im Laufe der Jahrhunderte sehr bewundert wurden.

- Wie die Helden der Antike besitzt auch Jean-Baptiste mit seinem ausgeprägten Geruchsinn eine übernatürliche Gabe. Darüber hinaus ist er auf eine gewisse Art und Weise unsterblich. Er überlebt zahlreiche Krankheiten und Unglücksfälle, wie in der Grotte, wo er beinahe erfriert. Zwar kommt er unter weniger glorreichen Bedingungen zur Welt als die Götter der Mythologie, dennoch auf ebenso ungewöhnliche Weise. Jean-Baptiste Grenouille weist in diesen Punkten Ähnlichkeiten mit Helden der Antike, wie Herkules oder Achilles, auf;

- Genau wie die Helden Corneilles (französischer Poet und Bühnenautor, 1606-1684) wird Grenouille sehr früh Opfer seines Schicksals. Seit seinem ersten Atemzug ist das Unglück ein wesentlicher Teil seines Lebens. Von da steigt er durch seinen eigenen Verdienst auf. Er erreicht sein Ziel, ein einzigartiges Parfum zu erschaffen, das die Liebe der Menschen steuern kann. Trotzdem ist er sich seiner Taten bewusst und ihm wird klar, dass das Parfum nicht der Schlüssel zu seinem Glück ist. Diese Erkenntnis bringt ihn dazu, seinem Leben auf solch eine spektakuläre Art und Weise ein Ende zu setzen;

- Einige Charakterzüge teilt Grenouille auch mit den Helden der Romantik. Der einfache Mann kann sich durch sein Durchhaltevermögen und seine Opferbereitschaft hochzuarbeiten. So gelingt es Grenouille, sich seinen Weg von der Geburt unter einem Fischstand bis nach Grasse zu bahnen, wo er die Geheimnisse der Parfumherstellung lernt. Da er seinen Überzeugungen treu bleibt, schafft er es trotz aller Unterdrückung durch andere sein

Vorhaben zu verwirklichen;

- Die Suche Jean-Baptistes nach dem perfekten Duft spiegelt auch die Suche der Künstler des 19. Jahrhunderts nach Perfektion und Schönheit in der Kunst wieder. Grenouille erkennt schließlich, dass „sein Leben Sinn und Zweck und Ziel und höhere Bestimmung habe: nämlich keine geringere, als die Welt der Düfte zu revolutionieren" (S. 54). Materielle Werte interessieren ihn nicht. Alles, was er will, ist, das perfekte Parfum zu kreieren, ein Duft für ihn, der die Welt erfüllt und jede Spur von Gestank verschwinden lässt. Diese Suche ist auch eine Reaktion auf die vorherrschenden Werte der Gesellschaft. Jean-Baptiste fühlt sich von der Außenwelt bedroht und zieht sich deshalb in sich selbst und seine Kunst der Parfumherstellung zurück.

Andere Facetten lassen ihn jedoch als typischen Antihelden erscheinen.

- Im 17. Jahrhundert gewinnen die Antihelden in der Literatur Oberhand über die Helden. Ihr wahnsinniger Charakter hat nichts Heldenhaftes an sich. Don Quijote (Held des gleichnamigen Romans des spanischen Autors

Miguel de Cervantes, 1547-1616), wollte die Werte des Rittertums in einer Welt neu etablieren, die sich vollkommen davon entfernt hatte. Grenouille hingegen will die unangenehmen Gerüche auf der Welt auslöschen. Beide leben in ihrer eigenen Welt, gefangen in Illusionen und Wahnsinn.

- Grenouille überschreitet auf niederträchtigste Weise sämtliche Grenzen und mordet, um sein Ziel zu erreichen. Nachdem er andere Möglichkeiten in Betracht gezogen hat, kommt er zu dem Schluss, dass er sein Vorhaben nur durch Morden verwirklichen kann. Sobald er dies für sich erkannt hat, zögert er keine Sekunde davor, diese Gedanken in die Tat umzusetzen.

- Sein hässliches Aussehen spiegelt die Verdorbenheit seiner Seele wieder. Sowohl sein Körper, als auch sein Gesicht sind durch die zahlreichen Krankheiten entstellt. Am Ende des Romans wird er mit einer Zecke verglichen, einem hässlichen und verabscheuten Insekt, dass sich, egal was geschieht, festsaugt, wo es kann.

Sein Antrieb

Im Laufe der Geschichte leidet Jean-Baptiste an verschiedenen Krankheiten, die ihn zum Töten verleiten.

Als Pater Terrier den kleinen Jean-Baptiste aufnimmt, kann er keinerlei Verständnis für die Amme aufbringen, die sich aufgrund seines fehlenden Eigengeruchs nicht länger um ihn kümmern will. Er ist fassungslos über diese Begründung und hält die Amme für verrückt, denn „es sieht der Narr mit der Nase" (S. 18). Doch der Leser bemerkt rasch, dass die Amme, was das Kind betrifft, in besseres Urteilsvermögen hatte als der Geistliche. Der Satz des Paters trifft in Wirklichkeit auf Jean-Baptiste zu. Sein besonderer Geruchsinn ist für ihn vor allem eine Fluchtmöglichkeit aus seiner entsetzlichen Realität. Grenouille könnte ein wahnsinniger Held sein, der dem Gestank der Welt entfliehen will und damit seinen Untergang besiegelt. Sein Wahnsinn wird auch in seinen Träumen deutlich, er sieht sich gleichzeitig als „Rächer und Weltenerzeuger" (S. 155).

Er empfindet immer größeren Hass auf die

Menschheit, was dem Leser, jedoch nicht den Personen in seinem Umfeld deutlich wird, und verfällt in Größenwahn, der sich in seinem zusehend stärkeren Selbstvertrauen zeigt:

> [und so] brach in Grenouille ein anderer Jubel los [...], ein böses Triumphgefühl [...] und er hatte Mühe, es nicht wie Gift und Galle über all diese Menschen herspritzen zu lassen und ihnen jubelnd ins Gesicht zu schreien: dass er keine Angst vor ihnen habe; ja kaum noch sie hasse; sondern dass er sie mit ganzer Inbrunst verachte, [...] weil sie nichts waren, und er war alles! (S. 187-188)

Sein Geist ist unfähig, zwischen Gut und Böse zu unterscheiden und seine Erziehung hat ihm keinerlei moralische Grenzen vorgelebt.

Seine Besessenheit

Als Grenouille dem Mädchen begegnet, das in der Rue des Marais Mirabellen schält, stellt dies sein ganzes Leben auf den Kopf.

> [P]lötzlich, war er wieder da, ein kleiner Fetzen nur, eine kurze Sekunde lang als herrliche Andeutung zu riechen [...] und verschwand [...]. Grenouille litt Qualen [...]. Ihm schwante sonderbar, dieser Duft sei der Schlüssel zur Ordnung

> aller anderen Düfte, man habe nichts von den Düften verstanden, wenn man diesen einen nicht verstand, und er Grenouille, hätte sein Leben verpfuscht, wenn es ihm nicht gelänge, diesen einen zu besitzen. Er mußte ihn haben, nicht um des schieren Besitzes, sondern um der Ruhe seines Herzens willen. (S. 48)

Von seiner Gier getrieben erdrosselt er das Mädchen, um ihren Geruch vollständig in sich aufzusaugen. „Ihm war, als würde er zum zweiten Mal geboren, nein, nicht zum zweiten, zum ersten Mal, denn bisher hatte er bloß animalisch existiert [...]" (S. 54). Dieser Moment ist ausschlaggebend für den restlichen Verlauf der Geschichte, denn er setzt sich das Ziel, diesen Duft zu reproduzieren, zu vervollkommnen, und geht diesem Ziel mit unglaublicher Beharrlichkeit bei Baldini und Madame Arnulfi nach. Die Idee wird schnell zu einer Besessenheit, die sein ganzes Leben bestimmt. Das kleinste Hindernis bei der Verwirklichung seines Plans, egal wie kurz es andauert, entmutigt ihn zutiefst und macht ihn wortwörtlich krank. Das Bedürfnis nach dem Duft beherrscht ihn so sehr, dass ihm alles andere gleichgültig ist. Das Leben Anderer ist für ihn nur ein unbedeutendes Detail, weshalb er auch nicht vor Mord zurückschreckt, um sein Ziel zu erreichen. Da er keinen Körpergeruch verströmt, kann er nicht einmal von Hunden aufgespürt werden und ist damit sicher vor Verfolgern. Um das perfekte Parfüm zu entwickeln, wird er schließlich zum Serienmörder.

Seine Sehnsucht

Seine Besessenheit spiegelt den Wunsch wider, durch den Duft die Liebe anderer zu erlangen. Zu Beginn hasst Grenouille die Menschen, weil ihre Gerüche für ihn gänzlich uninteressant sind, doch zuletzt begreift er, dass sein eigener fehlender Körpergeruch diese Abneigung hervorruft. Doch erst durch seine Erfahrung als Einsiedler entdeckt er das gesamte verborgene Potential seiner Leidenschaft:

> Denn der Duft war ein Bruder des Atems. Mit ihm ging er in die Menschen ein [...]. Und mitten in sie hinein ging der Duft, direkt ans Herz, und unterschied dort kategorisch über Zuneigung und Verachtung, Ekel und Lust, Liebe und Hass. Wer die Gerüche beherrschte, der beherrschte die Herzen der Menschen. (S. 189)

Zurück in der Zivilisation beschließt Grenouille

zu lügen, auch wenn es ihn langweilt, um seine Absichten zu verbergen. Während dieser Zeit stellt er eine Reihe von Parfums her, die seinen menschlichen Geruch ersetzen sollen, und besitzt bald eine ganze Sammlung an Düften, die bei den Menschen unterschiedliche Gefühle hervorrufen. So wählt er beispielsweise einen gewöhnlichen Geruch, um Richis zu täuschen, der seine Tochter beschützt. Schließlich gelingt es ihm, einen Duft zu erschaffen, der den Geist der Menschen hoffnungslos unterwirft. Dabei wird Grenouille von Hassliebe angetrieben, er verabscheut die Menschen, doch sucht gleichzeitig ihre Anerkennung.

Jean-Baptiste glaubt, dass er sein Ziel erreicht und seinen Wunsch damit erfüllt hat, doch er wird sich zweier Dinge bewusst:

- Sobald er sein Meisterwerk erschaffen hat, hat sein Leben seinen Sinn verloren;
- Die Menschen lieben nicht Jean-Baptiste, sondern sein Parfum. Ihm wird klar, dass er nie als der Mensch geliebt werden wird, der er wirklich ist, und deshalb beschließt er, seinem Leben ein Ende zu setzen.

DIE GESCHICHTE EINES DUFTES

Auf dichterische Art und Weise beschreibt Süskind die Duftnuancen, die Grenouille wahrnimmt. Er schildert die Düfte so bemerkenswert wie kein Schriftsteller zuvor es je getan hat. Der Autor erweitert das Spektrum der sprachlichen Mittel um die sogenannte „Illusion des Realen" und benutzt dafür Sinneseindrücke, die man sehen und hören kann.

> Dieser Geruch hatte Frische; aber nicht die Frische der Limetten oder Pomeranzen, nicht die Frische von Myrrhe oder Zimtblatt [...], und er hatte zugleich Wärme; aber nicht wie Bergamotte, Zypresse oder Moschus, nicht wie Jasmin und Narzisse, nicht wie Rosenholz und nicht wie Iris... Dieser Geruch war eine Mischung aus beidem, aus Flüchtigem und Schwerem, keine Mischung davon, eine Einheit, und dazu gering und schwach und dennoch solid und tragend, wie ein Stück dünner schillernder Seide... und auch wieder nicht wie Seide, sondern wie honigsüße Milch, in der sich Biskuit löst [...]! (S. 49)

Süskind informierte sich für diesen Roman bis ins kleinste Deteil über die Techniken der

Duftgewinnung und der Zusammenstellung der Aromen. Hierfür nahm er insbesondere die Hilfe der Parfümerie Fragonard in Anspruch.

EINE BESCHREIBUNG DES 18. JAHRHUNDERTS

Normalerweise betrachten wir die vergangenen Jahrhunderte aus einem sehr reinlichen Blickwinkel, ganz im Gegensatz zu Süskind. Er lässt uns ins damalige Paris eintauchen, die üblen Gerüche einatmen, den Schmutz der Bewohner, die in den Straßen ausgeleerten Nachttöpfe, die verstreuten Häufen Küchenabfälle, die unbetretbaren Hinterhöfe, die verwesten Fische, den beißenden Geruch der Gerbereien, etc. Einige behaupten, Süskind habe sich dabei von der historischen Studie über Gerüche *Pesthauch und Blütenduft* (1982) des französischen Historikers Alain Corbin (1936) inspirieren lassen.

Außerdem beschreibt Süskind die damalige Mentalität der Leute und deren Ausdrucksweise, wie beispielsweise:

- Das zögernde Verhalten Pater Terriers gegenüber der Widersprüchlichkeit der Bibel und seine Verachtung für den weit verbreiteten Aberglauben (Kap. 3);

- Die Gedanken der Aufklärung, die Baldini ablehnt (Kap. 11);
- Die wilde Begeisterung für jegliche Art von Wissenschaft, die durch den Marquis de la Tallaide Espinasse verkörpert wird (Kap. 30).

Der Autor lässt auch die Schilderung der Brutalität der damaligen Gesellschaft nicht aus, in der sich jeder einzelne durch sein stolzes, käufliches und streitlustiges Verhalten auszeichnet.

EIN HYBRIDER ROMAN

Das Parfum verbindet mehrere Textgattungen und enthält charakteristische Merkmale verschiedener Gattungen, von denen die folgenden drei dominieren:

- **Der historische Roman**. In dem Buch finden sich zahlreiche präzise geschichtliche Informationen: „Während dieser Zeit herrschte in der äußeren Welt Krieg [...]. Man schlug sich in Schlesien und Sachsen, in Hannover und Belgien" (S. 28). Diese Informationen lassen die Geschichte realer erscheinen und betten

Jean-Baptiste in den historischen Kontext ein.

- **Das philosophische Märchen**. Vor allem die ersten Zeilen ähneln dem Beginn eines Märchens, das zunächst die Fakten nennt, bevor die Geschichte beginnt. Die Abschweifungen sind zahlreich: „Da wir Madame Gaillard an dieser Stelle der Geschichte verlassen, [...] wollen wir in ein paar Sätzen das Ende ihrer Tage schildern" (S. 36). Wie in Voltaires Werken ist häufig eine gewisse Ironie erkennbar, zum Beispiel als die Jury der Universität von Montpellier die Theorie des Marquis de la Taillade-Espinasse bejubelt, eine Theorie die Grenouille bereits ins Lächerliche gezogen hatte, indem er angesichts des Parfums des Marquises einen Anfall vorgetäuscht hatte.

- **Der Bildungsroman**: Die Struktur des Romans zeichnet das Schicksal Jean-Baptiste Grenouilles von seiner Geburt bis zu seinem Tod. In einer ihm feindselig gesinnten Welt muss er seinen Weg gehen und bereichert sich an den Begegnungen mit anderen, auch wenn diese ihm nicht immer positiv gegenüberstehen. Obwohl Grenouille die Welt meidet, entwickelt er sich trotz allem und ohne Hilfe weiter.

Die Hybridität des Romans schafft eine überraschende Mischung, die ebenso unangenehm wie faszinierend ist. Der Leser baut zu dem Helden und Serienmörder Jean-Baptiste Grenouille eine gewisse Nähe auf, obwohl er ihn für seine Morde verurteilt. Nach der Lektüre dieses Romans ist man zwiegespalten und kann die subtile Mischung der Textgattungen nicht ungerührt betrachten.

ZUM NACHDENKEN

FRAGEN ZUR VERTIEFUNG

- Warum sind die vier verschiedenen Teile des Romans unterschiedlich lang?
- Beschreibe den Schreibstil des Autors.
- Mit welchem Insekt wird Jean-Baptiste verglichen? Begründe den Vergleich.
- Wird er auch mit anderen Tieren verglichen? Nenne einige Textstellen als Beispiele.
- Nenne die Textstellen in Kapitel 26, in denen biblische Texte und königliche Reden parodiert werden.
- Kann Grenouille mit den griechisch-römischen Göttern Vulcanus und Hephaistos verglichen werden? Begründe Deine Antwort durch eigene Recherche.
- An welchen Mythos der Antike von Platon (griechischer Philosoph, 422-348/347 v. Chr.) erinnert das Kapitel, in dem Grenouille sich auf den Plomb du Canal im Zentralmassiv zurückzieht?
- Zeige die Gegensätze von Stadt und Natur auf,

die in dem Roman behandelt werden.

- Weshalb kann Grenouille gleichzeitig als böses Individuum und christlicher Märtyrer bezeichnet werden? Belege Deine Antwort anhand von Textstellen.
- Inwiefern ist der Ort, den Grenouille zum Sterben wählt, symbolisch?

Deine Meinung ist uns wichtig!
Hinterlasse doch einen Kommentar auf der Seite
unserer Online-Buchhandlung
und teile Deine Favoriten in den sozialen
Netzwerken!

DARÜBER HINAUS

HERANGEZOGENE AUSGABE

- Süskind, Patrick: *Das Parfüm*, Diogenes, Zürich, 1985

SEKUNDÄRLITERATUR

- Degler, Frank: *Aisthetische Reduktionen. Analysen zu Patrick Süskinds ‚Der Kontrabass', ‚Das Parfum' und ‚Rossini'*, de Gruyter, Berlin, 2003

VERFILMUNG

- *Das Parfüm – Die Geschichte eines Mörders*, Film von Tom Tykwer, mit Ben Wishaw, Dustin Hoffman und Alan Rickman, Deutschland, Spanien, Frankreich, 2006

derQuerleser.de
Literatur auf den Punkt gebracht!

Die präsentierten Inhalte werden vom Herausgeber überprüft, dennoch übernimmt dieser keine Haftung für die inhaltliche Richtigkeit, Vollständigkeit und Aktualität der vorgestellten Inhalte.

www.derQuerleser.de

ISBN digitale Ausgabe: 9782808004701

ISBN gedruckte Ausgabe: 9782808004718

Pflichtexemplar: D/2017/12603/773

Cover: © Plurilingua

Logo: © Graphicrepublic (Freepik.com) und Plurilingua

In Zusammenarbeit mit Florence Balthasar für die Kapitel „Ein Außenseiter" und „Seine Ambivalenz" „Seine Krankheiten" und „Ein hybrider Roman".

Digitale Aufbereitung: Primento, der digitale Partner der Herausgeber